글씨 바로쓰기

경필

속담편(고학년) 2

내가 쓴 글을 내가 못 읽는다?
- 글씨는 그 사람의 인격을 나타낸다.

깨끗하고 단정한 글씨가 좋은 점수 받는다

방학 중 논술교육에 대한 연수를 받다가 웃지 못할 이야기를 들었습니다. 한 중학교 선생님에게 "초등학교에서 어느 정도까지 지도해서 올려 보내야 할까요?"라고 물었더니 "본인이 쓴 글, 스스로 알아보고 읽을 수 있게나 해 달라"고 하였답니다.

요즘 어린이들은 텔레비전, 인터넷, 유튜브 등에 익숙해져 있는 영상세대로 무엇에 집중하는 인내심이 부족하고 논리적인 사고를 거부하는 경향이 많습니다. 국어과에 '쓰기' 과정이 있음에도 스마트폰이나 컴퓨터 자판을 주로 두드리다 보니 쓰기를 귀찮아하며 글씨가 엉망인 어린이들을 자주 만나게 됩니다.

컴퓨터에는 다양하고 예쁜 글씨가 많이 들어 있어 수퍼마켓에서 물건을 고르듯 자기가 원하는 글씨를 마음대로 선택해 사용할 수 있으나, 막상 학교 내 필기시험이나 수행평가, 더 나아가 논술 시험 등은 자필로 해야 합니다. 보기 좋은 떡이 맛도 좋다고 깨끗하고 단정한 글씨로 써 내려간 글은 설득력이 더 있어 보여 읽는 이의 마음을 붙잡게 됩니다.

예로부터 글씨는 마음의 거울이며 그 사람의 됨됨이를 말해 주는 것이라 하여 매우 중요하게 생각하였습니다. 그래서 인물을 평가하는 데 글씨는 큰 비중을 차지하였습니다. 우리나라는 물론 중국 당나라 때는 '신언서판(身言書判)'을 인재 등용의 기준으로 삼았습니다. 몸가짐, 말, 글씨, 그리고 판단력을 인물의 주요 평가 기준으로 삼았고, 정도의 차이는 있지만 지식기반의 첨단사회를 사는 요즘도 이러한 기준은 적지 않게 활용되고 있습니다. 논술이 입시에 중요한 위치로 부각되면서 각급 학교와 학부모들의 바른 글씨에 대한 관심이 높아진 때에 어린이 눈높이에 맞춘 부담없는 경필 쓰기 책이 나오게 되어 반가운 마음입니다.

그럼 바른 글씨는 어떻게 써야 할까요?

경필은 붓과 대비된 딱딱한 필기도구를 사용하여 궁서체로 쓰는 펜글씨를 말합니다.

개인적으로 어린이들은 꼭 궁서체를 고집할 필요는 없다고 생각합니다. 글씨 크기가 들쑥날쑥하지 않도록 일정하게 유지하는 것이 깔끔한 자신만의 글씨를 만드는 지름길 입니다.

이 책은 정자체를 견본으로 큰 칸, 작은 칸, 줄 칸 이렇게 구성돼 있어 천천히 모양을 생각하며 칸에 맞게 꾸준히 연습하다 보면 집중력도 좋아질 것입니다.

글씨를 바르게 쓰는 것은 마음을 바르게 갖는 연습도 됩니다. 차분한 마음과 바른 자세로 정성껏 글씨를 쓰다 보면 올바른 인성 형성뿐 아니라 한글을 사랑하는 마음도 기를 수 있습니다. 평생 간직해야 할 좋은 습관 중 하나가 책읽기와 바른 글씨쓰기가 아닐까 합니다.

또 어린이들에게 글씨쓰기 연습을 시키고자 할 때 적당히 쓸거리가 없어 의미 없이 책을 옮겨 쓰곤 했는데 이 책은 초등학생이 꼭 알아야 할 속담을 뜻풀이와 함께 곁들여 학습효과도 올릴 수 있어 활용 범위가 그만큼 더 넓습니다. 속담은 짧지만 날카로운 풍자와 유머가 섞여 있어 일상생활에 있어 언어적 통찰력과 사고력을 길러주어 자신의 생각과 정서를 효과적으로 표현하는 능력을 길러주는 데 많은 도움이 됩니다.

"손이 수고해야 먹고 산다"

이 말은 제가 교실에서 어린이들에게 자주하는 말 중 하나입니다.

손이 수고하며 이 책을 써 내려가는 동안 어린이들이 자신의 마음과 생각을 닮은 바르고 예쁜 글씨를 갖게 될 것을 기대하며 '뜯어 쓰는 즐거운 글씨쓰기'가 또 다른 주제로 계속 발간되기를 제안해 봅니다.

전 우촌초등학교 교장 김연숙

속담을 바르게 써 보세요

바늘구멍으로 하늘 보기

바늘 넣고 도끼 낚는다

 조그만 바늘구멍으로 넓디넓은 하늘을 제대로 볼 수 있을까요? 전체를 포괄적으로 보지 못하는 매우 좁은 생각이나 관찰하는 과정을 비꼬는 말이랍니다. 유사 우물 안 개구리

작은 바늘을 가지고 낚싯대를 만들어서 물에 빠진 큰 도끼를 낚아 낸다는 뜻으로, 적은 밑천을 들여서 큰 이익을 얻으려 함을 비유하는 말.

바늘구멍으로 하늘 보기

바늘 넣고 도끼 낚는다

속담을 바르게 써 보세요

바다는 메워도 사람 욕심은 못 채

운다

사람의 욕심은 끝이 없어서 영원히 채워지지 않는다고 해요. 그만큼 사람의 욕심이 무섭다는 의미입니다. 현재에 만족하고 감사하는 마음을 가지세요.

바다는 메워도 사람 욕심은 못 채운다

속담을 바르게 써 보세요

반 잔 술에 눈물 나고 한 잔 술

에 웃음 난다

> 남을 도와주려면 제대로 도와주어야 고마워한다는 뜻이에요. 대접은 조금만 소홀해도 받는 사람이 서운한 법이니까요.

반 잔 술에 눈물 나고 한 잔 술에 웃음 난

다

속담을 바르게 써 보세요

밥은 굶어도 속이 편해야 산다

방귀 뀐 놈이 성낸다

 배는 고파도 마음 편하게 사는 것이 낫다고 할 때 쓰는 말.

방귀는 자기가 뀌어 놓고 오히려 남보고 성낸다니 어처구니 없죠? 잘못을 저지른 쪽에서 오히려 남에게 성내는 경우에 쓰는 말이에요.

유사 ① 도둑이 달릴까 했더니 우뚝 선다 ② 도둑놈이 몽둥이 들고 길 위에 오른다 ③ 도둑이 매를 든다

밥은 굶어도 속이 편해야 산다

방귀 뀐 놈이 성낸다

속담을 바르게 써 보세요

뱁새가 황새를 따라가면 가랑이가

찢어진다

자기 처지에 맞지 않게 힘겨운 일을 억지로 하면 도리어 손해만 입는다는 말이에요.
단어 ① 뱁새 : 휘파람샛과의 크기가 작은 새로 매우 민첩하며 벌레를 잡아먹으면서 떼를 지어 산다.
② 황새 : 천연기념물 제199호. 몸빛은 희고, 몸의 길이는 1미터로 다리와 부리가 긴 새.

 다시 한번 써 보세요

뱁새가 황새를 따라가면 가랑이가 찢어진다

콩트

"수진아, 너 오늘 공개방송 보러 갈 거야? 방탄소년단에다 블랙핑크까지 나온다더라!"

"하하, 난 이미 갈 준비가 되었다구."

"벌써? 정말?"

"이게 바로 진정한 팬의 자세가 아니겠어? 난 출발한다!"

"수진아, 학원은?"

"진정한 팬이 되는 길을 택했다!"

공개방송 몇 시간 전부터 이미 방송국 앞에는 수많은 소녀팬들로 북적였습니다.

수진이는 방송이 시작하려면 아직 멀었는데도 김밥을 입에 구겨 넣으며 줄을 서 있었습니다.

그리고 어서 입장하기를 간절히 기다렸습니다.

수진이가 방탄소년단을 바라보며 목청껏 소리질러댔던 그날 밤. 엄마는 무척 화가 나 계셨습니다.

"수진아, 너 어디 갔다 오니?"

"당연히 학원 다녀오는 길이죠."

"바른대로 말 해. 엄만 모든 걸 다 알고 있어!"

"……."

"그 열성을 공부에 쏟으면 서울대도 수석으로 들어가고 남겠다! 오늘 빠진 학원 숙제 무조건 다 하고 자!"

수진이는 입이 열개여도 할말이 없었습니다.

Q 이 이야기의 상황에 맞는 속담을 책 속에서 찾아보세요.

A

속담을 바르게 써 보세요

법 밑에 법 모른다

벙어리 냉가슴 앓듯

 법을 잘 지켜야 할 법률기관에서 도리어 법을 모르고 어기는 경우.
또는 자신에게 가까운 일을 정작 본인이 모르고 있는 경우.

 벙어리가 안타까운 마음을 하소연할 길이 없어 속만 썩는다니 매우 답답하겠죠? 답답한 사정이 있어도 남에게 말하지 못하고 혼자만 괴로워하며 걱정하는 경우를 일컫는 말.

법 밑에 법 모른다

벙어리 냉가슴 앓듯

답답한
이 내 마음
누가 알꼬...

속담을 바르게 써 보세요

벼 이삭은 익을수록 고개를 숙인다

> 교양 있고 깨우침이 많은 사람일수록 잘난체 하지 않고 겸손하다는 뜻이에요.
> **단어** 이삭 : 벼, 보리 따위 곡식에서 꽃이 피고 꽃대의 끝에 열매가 많이 열리는 부분.

 다시 한번 써 보세요

벼 이삭은 익을수록 고개를 숙인다

속담을 바르게 써 보세요

부뚜막의 소금도 넣어야 짜다

비를 드니까 마당을 쓸라 한다

 부뚜막 가까이에 있는 소금도 넣지 않으면 음식에 짠맛이 날 수 없죠? 아무리 좋은 조건에 손쉬운 일이라도 힘을 들여 이용하지 않으면 소용이 없다는 뜻이에요.

 지금 막 그 일을 하려고 하는데 그 일을 시키니 김샌다는 의미.

부뚜막의 소금도 넣어야 짜다

비를 드니까 마당을 쓸라 한다

속담을 바르게 써 보세요

복 없는 정승은 계란에도 뼈가 있다

성품이 곧기로 유명한 황희 정승의 집으로 어느날 세종대왕이 진상품(임금에게 바치는 가장 좋은 물건)들을 모두 보내라고 했대요. 그런데 하필 그날 큰비가 내려 진상품이 도착하지 못하고 겨우 계란 한 꾸러미가 들어왔는데, 그것조차도 공교롭게 모두 상해 있었다는 일화에서 비롯된 속담이에요.
모처럼 좋은 기회를 잡았지만 뜻대로 되지 않을 때를 일컫는 말이에요.

유사 재수 없는 놈은 뒤로 자빠져도 코가 깨진다

복 없는 정승은 계란에도 뼈가 있다

속담을 바르게 써 보세요

분다 분다 하니까 하루아침에 왕겨v

석 섬을 분다

> 잘한다고 칭찬하니까 우쭐해서 지나칠 정도까지 아르개 됨을 비유적으로 이르는 말.
> **단어** ① 왕겨 : 벼의 겉겨. ② 섬 : 짚으로 엮어 만들어 곡식 따위를 담는 데 쓰이며 곡식을 담는 단위로 쓰이기도 한다. 한 섬은 한 말의 열 곱절.

다시 한번 써 보세요

분다 분다 하니까 하루아침에 왕겨 석 섬을

분다

속담을 바르게 써 보세요

비 맞은 중놈 중얼거리듯

비 오는 날 장독 덮었다 한다

> 🎁 불만이 가득 차 남이 알아듣지 못할 정도의 소리로 투덜대거나 홀로 중얼거릴 때 쓰는 말이에요.
> **유사** 비 맞은 중 담 모퉁이 돌아가는 소리
>
> 🪴 비가 오면 먼저 해야 할 일 중에 하나가 장독을 덮는 일입니다. 그런데 그것을 했다고 자랑하는 것은 당연히 할 일을 하고 생색내는 것이죠.

비 맞은 중놈 중얼거리듯

비 오는 날 장독 덮었다 한다

속담을 바르게 써 보세요

비지 먹은 배는 연약과도 싫다 한

다

> 비지와 같은 하찮은 음식이라도 배불리 먹고 나면 연약과와 같이 맛있고 먹기 좋은 음식도 먹을 생각이 나지 않죠. 하잘것없는 음식도 배만 부르면 더이상 어떤 음식도 먹을 수 없다는 뜻이에요.
> **단어** 연약과 : 잘 만든 약과.

다시 한번 써 보세요

비지 먹은 배는 연약과도 싫다 한다

속담을 바르게 써 보세요

빈 수레가 요란하다

뿌리 깊은 나무 가뭄 안 탄다

 실속 없는 사람이 겉으로 더 요란하게 말하는 것을 비유적으로 이르는 말이에요. 말이 많다고 무조건 똑똑한 것은 아니랍니다.

 땅속 깊이 뿌리 내린 나무는 가뭄에도 말라 죽는 일이 없습니다. 무엇이든 기초가 튼튼하면 어떠한 시련이 와도 견뎌낼 수 있답니다.

빈 수레가 요란하다

뿌리 깊은 나무 가뭄 안 탄다

십자퍼즐

가로 뜻풀이

❶ 시도 때도 없이 짖는 개는 정작 불안하고 초조해서 으르렁대는 것일 뿐이라고 해요. 겉으로 떠들어대는 사람이 도리어 알맹이는 없는 경우에 쓰는 속담입니다.

❷ 자기에게 조금이라도 이익이 되면 이편에 붙었다 저편에 붙었다 하는 약아빠진 행동을 이르는 말.

❸ 교묘한 수단으로 자기보다 약하고 힘 없는 사람에게도 재물을 뜯어내는 것을 말합니다.

❹ 새도 앉을 때 가지를 고르고 앉는다는 뜻으로, 친구를 사귀거나 직업을 택하는 데에도 신중하게 잘 가리고 골라야 한다는 말.

❺ 자기한테 소용이 없는 물건도 막상 남을 주자니 아깝고 싫다는 뜻입니다. 몹시 인색하고 욕심 많은 사람을 빗대어 하는 말이에요.

❻ 운수가 나쁘면 하나부터 열까지 모든 것이 제대로 되는 일이 없다는 말이에요. 배고픈데 집에 밥도 없고 라면도 없는 그런 날이 있죠?

세로 뜻풀이

❶ 자기는 더 큰 흉이 있으면서 도리어 남의 작은 흉을 가지고 험담할 때 쓰는 말.
남에게 손가락질 하기 전에 꼭 먼저 거울에 비친 자신의 모습을 한번 들여다보세요.

❷ 공부는 안하고서 시험에서 좋은 성적 받기를 바라는 것은 헛된 욕심이겠지요?
아무런 노력도 하지 않으면서 좋은 결과가 이루어지기만을 바라는 것을 비유적으로 이르는 말이에요.

❸ 남에게 돈을 빌려 주기는 쉬우나 돌려받기는 매우 힘들다는 것을 비유적으로 이르는 말.

❹ 행운이 있으면 뒤에는 불운도 따른다는 말. 지금의 행운이 언제나 계속되는 것은 아니라는 뜻이에요. 세상에 영원한 것은 없답니다.

속담을 바르게 써 보세요

사공이 많으면 배가 산으로 간다

배는 바다로 가야 하는데 사공이 많으면 엉뚱하게 산으로 갈 수 있다는 뜻입니다. 간섭하는 사람이 많으면 일이 제대로 될 리 없겠죠? 단어 (뱃)사공 : 배를 부리는 일을 직업으로 하는 사람.

사공이 많으면 배가 산으로 간다

속담을 바르게 써 보세요

사돈네 안방 같다

사돈네 안방처럼 감히 넘겨다 보지 못할 만큼 어렵고 조심스러운 곳을 가리키는 말이에요.

사돈네 안방 같다

속담을 바르게 써 보세요

사촌이 땅을 사면 배가 아프다

남이 잘 되는 것을 기뻐해 주지는 않고 오히려 질투하고 시기하는 경우에 자주 쓰는 속담이에요. 친구에게 좋은 일이 생기면 축하해 주세요!

사촌이 땅을 사면 배가 아프다

 속담을 바르게 써 보세요

산 넘어 산이다

가면 갈수록 더 어려운 일이 생긴다는 뜻으로 일이 쉽게 풀리지 않을 때 사용하는 말.
유사 설상가상

산 넘어 산이다

속담을 바르게 써 보세요

사흘 길에 하루쯤 가서 열흘씩 눕

는다

사흘이나 걸리는 길을 급히 가려다가 열흘씩 앓아눕는다는 뜻으로, 일을 처음부터 너무 급히 서두르면 제 시간보다 더 오래 걸릴 수 있답니다. 또는 일하는 시간보다 쉬는 시간이 더 많아 몹시 게으르단 뜻도 있어요.

다시 한번 써 보세요

사흘 길에 하루쯤 가서 열흘씩 눕는다

사흘 길에 하루쯤 가서 열흘씩

속담을 바르게 써 보세요

산 호랑이 눈썹도 그리울 게 없다

희귀한 보물인 산 호랑이의 눈썹도 아쉬울 게 없다는 뜻으로, 모든 것을 다 가지고 있어서 세상에 부러울 것이 없다는 말입니다.

따뜻한 방에서 독서, 부러울 게 없구나.

다시 한번 써 보세요

산 호랑이 눈썹도 그리울 게 없다

산 호랑이 눈썹도 그리울 게 없다

속담을 바르게 써 보세요

상주보다 복재기가 더 서러워한다

직접 일을 당한 사람보다 주변 사람들이 더 심하게 걱정한다는 의미예요. 단어 복재기 : 상제의 친척들.

상주보다 복재기가 더 서러워한다

속담을 바르게 써 보세요

새도 가지를 가려서 앉는다

새도 앉을 때 가지를 고르고 앉는다는 뜻으로, 친구를 사귀거나 직업을 택하는 데에도 신중하게 잘 가리고 골라야 한다는 말.

새도 가지를 가려서 앉는다

속담을 바르게 써 보세요

새도 염불하고 쥐도 방귀 뀐다

새침데기 골로 빠진다

 여러 사람이 춤추고 노래하는 데 수줍어하여 함께 어울리지 못하는 사람을 놀리며 하는 말이에요.
단어 염불 : 불경(불교 교리를 밝혀놓은 모든 책을 통틀어 이르는 말)을 외는 일.

얌전해 보이는 사람이 한 번 길을 잘못 들면 보통 사람들보다 더욱 나쁜 길로 빠지게 된다는 뜻.
단어 골 : 깊은 구덩이. 잘못된 길. "나쁜 친구를 사귀다 성적이 골로 갔다."

 다시 한번 써 보세요

새도 염불하고 쥐도 방귀 뀐다

새침데기 골로 빠진다

에잇, 부끄럽게 남들 앞에서 어떻게 춤을 춰?

속담을 바르게 써 보세요

새벽달 보자고 초저녁부터 기다린다

> 새벽에 뜰 달을 보겠다고 초저녁부터 나가서 기다린다니 너무 급하죠? 일을 너무 일찍부터 서두르는 경우에 이런 말을 하죠. 무슨 일이든 차근차근 해야 좋은 결과를 얻을 수 있답니다.

다시 한번 써 보세요

새벽달 보자고 초저녁부터 기다린다

속담을 바르게 써 보세요

세 사람만 우겨대면 없는 호랑이도

만들어 낼 수 있다

거짓말도 여럿이 하면 진짜처럼 들리게 된다는 뜻으로, 여럿이 힘을 합치면 안 되는 일이 없겠죠?

세 사람만 우겨대면 없는 호랑이도 만들어 낼

수 있다

자음퀴즈

ㄱ ㅎ ㅁ ㅁ ㅆ ㄱ ㄸ ㄴ ㄷ

❶ 급하게 허둥대다가 순서가 막 뒤죽박죽되는 경험 있죠?

❷ 아침에 늦잠 자고 헐레벌떡 일어나 신발 신고 양말 들고 등교한 적은 없나요?

❸ 마음이 급해지면 평소에 잘하던 일도 엉망이 되는 법이랍니다. 급할수록 돌아가란 말도 있지요

❹ 일의 앞뒤가 꼬였던 경험을 아주 재밌게 표현한 이 속담은 무엇일까요?

답 ▶

ㄴ ㅇ ㅂ ㅇ ㄷ ㅋ ㅇ ㄱ ㅇ ㅂ ㅇ ㄷ

❶ 아무리 공평하게 나누어도 동생 빵은 언제나 내 것보다 커보이기 일쑤죠.

❷ 친구네 엄마가 우리 엄마보다 훨씬 친절하다고 생각해 본 적은 없나요?

❸ 형제 많은 흥부네 집에서는 이 문제로 자주 싸움이 났을 거에요.

❹ 사람의 욕심은 끝이 없어서 항상 남의 것이 좋아보이게 마련이니까요.

❺ 이럴 때 '내가 가진 것이 가장 좋아. 감사해야지' 라고 생각을 바꿔보세요.

❻ 이 속담은 무엇일까요?

답 ▶

◀ 급할수록 돌아 가라 ◀ 남의 떡이 더 커 보이고 남의 자식이 더 커 보인다

속담을 바르게 써 보세요

샘을 보고 하늘을 본다

서당 개 삼 년에 풍월을 한다

평소에는 무관심하다가 샘 속에 비친 하늘을 보고서야 비로소 하늘을 쳐다본다는 뜻으로, 늘 가까이 있는 것을 우연히 새롭게 깨달을 때 하는 말이에요.

서당에서 3년 동안 매일 글 읽는 소리를 듣다 보면 개도 그 소리를 흉내낸다고 해요. 어떤 분야에 대해 아는 것이 없는 사람도 그 분야에 오래 있으면 지식과 경험을 갖게 된다는 의미입니다.

단어 풍월 : 음풍농월의 준말. 바람과 달을 대상으로 시를 짓고 즐겁게 논다는 뜻.

샘을 보고 하늘을 본다

서당 개 삼 년에 풍월을 한다

속담을 바르게 써 보세요

서울 가서 김 서방 찾기

서천에서 해가 뜨겠다

넓은 서울에서 주소도 이름도 없이 그 흔한 김 서방을 찾을 수 있을까요? 잘 알지도 못하면서 무턱대고 찾아다니는 경우를 일컫는 말입니다.

해는 항상 동쪽에서 떠서 서쪽으로 지는 게 자연의 이치죠. 절대 일어날 수 없는 일이 일어날 정도로 너무나 뜻밖의 일을 당했을 때 쓰는 말이에요. **단어** 서천 : 서쪽 하늘.

니네 학교에 영재란 애 있니?

학년도 반도 모르고 어떻게 그앨 찾냐?

서울 가서 김 서방 찾기

서천에서 해가 뜨겠다

속담을 바르게 써 보세요

선무당이 사람 잡는다

선무당이 장구 탓한다

 의술에 서투른 사람이 치료해 준다고 하다가 사람을 죽이기까지 한다는 뜻으로, 제대로 알지 못하면서 어설프게 아는 척하다 다른 사람의 일을 망치게 된다는 의미예요.
단어 선무당 : 서투르고 미숙한 무당.

할 줄 모르는 사람일수록 핑계가 많다. 또는 서투른 솜씨를 핑계 대어 변명한다는 의미. 잘 되면 내 탓, 잘못 되면 남의 탓으로 돌리는 것은 나쁜 습관인 거 알죠?. **유사** 서투른 목수 연장 탓한다

선무당이 사람 잡는다

선무당이 장구 탓한다

1등 할 수 있었는데 이번엔 너무 바빴어.

선무당이 장구 탓하긴!

속담을 바르게 써 보세요

소 닭 보듯

아무 관심도 없이 무심하게 쳐다본다는 뜻이에요.

소 닭 보듯

속담을 바르게 써 보세요

소문난 잔치에 먹을 것 없다

겉은 떠들썩하고 화려한 데 비해 오히려 속은 비어 있다는 말이에요. 알맹이가 꽉 찬 사람이 되세요.

소문난 잔치에 먹을 것 없다

속담을 바르게 써 보세요

쇠귀에 경 읽기

술에 술 탄 듯, 물에 물 탄 듯

 둔한 사람은 아무리 가르치고 일러 주어도 알아듣지 못한다는 뜻입니다.
단어 경 : 유학에서 가르침을 담은 '경서' 또는 불교의 교리를 밝혀놓은 '불경'을 가리킴.

 어떤 일을 하기 전이나 한 뒤에나 변화가 없는 경우를 비유한 속담이에요. 일이 하나마나 한 꼴이 된 것이죠.

쇠귀에 경 읽기

술에 술 탄 듯, 물에 물 탄 듯

속담을 바르게 써 보세요

시작이 반이다

숭어가 뛰니까 망둥이도 뛴다

무슨 일이든지 시작이 어렵지 일단 시작하면 일을 끝마치기는 그리 어렵지 않다는 뜻. 우물쭈물 망설이고 주저하는 것보다 행동으로 실행해 보세요.

제 처지는 생각지도 않고 자신보다 나은 사람을 무조건 따라하려고만 한다는 뜻.

유사 망둥이가 뛰면 꼴뚜기도 뛴다 단어 ① 숭어 : 최대 몸길이 120cm로 도약력이 뛰어나며 민첩한 물고기.
② 망둥이 : 최대 몸길이 10cm의 작은 물고기로 바닷가의 모래땅에 산다.

시작이 반이다

오늘부터 차근차근 시작해서 나도 독서왕이 될테야.

숭어가 뛰니까 망둥이도 뛴다

속담을 바르게 써 보세요

신주 개 물어 간다

쏘아놓은 살이요, 엎질러진 물이다

 뭉그적대다가 절호의 기회를 놓치거나 남에게 뺏겨 사정이 딱하게 된 경우를 가리키는 말.
단어 신주 : 죽은 이의 위패. 옛날에는 조상의 위패를 소중히 여겼다.

 한번 저질러 놓은 일은 다시 고쳐질 수 없다는 뜻. 신중하게 생각하고 실천에 옮기세요.

신주 개 물어 간다

쏘아놓은 살이요, 엎질러진 물이다

속담을 바르게 써 보세요

아니 땐 굴뚝에 연기나랴

원인이 없으면 결과도 없다는 말입니다.

아니 땐 굴뚝에 연기나랴

속담을 바르게 써 보세요

아닌 밤중에 홍두깨

예상치도 않았는데 갑자기 뜻하지 않은 일을 당한 경우에 쓰는 말이에요.
단어 홍두깨 : 옷감을 감아서 다듬이질하는 데 사용하는 도구.

아닌 밤중에 홍두깨

콩트

"우와~ 로봇, 정말 멋지다! 나 한번만 만져보자!"

"형, 나도 좀 갖고 놀게 해줘. 응?"

"안 돼. 내가 형이니까 넌 나중에 갖고 놀아! 애들아, 멋지지? 이거 이번에 새로 나온 거다!"

순간 현우를 둘러싸며 놀이터 애들이 하나 둘씩 모이기 시작합니다.

"으앙, 으아아앙~."

진우는 형이 갖고 있는 최신 로봇을 쳐다보다 울음을 터뜨렸습니다.

형이 갖고 있는 장난감이 무척 탐이 났던 모양입니다.

종일 장난감을 보며 훌쩍이던 진우는 밤이 돼서야 잠이 들었습니다.

다음날 아침, 눈을 뜬 진우는 입이 귀에 걸릴 정도로 방긋 웃었습니다.

형 방에 놓인 장난감을 발견했기 때문이죠. 형은 이미 학교에 가고 없었습니다.

'와! 이제 내 세상이다!'

진우는 형이 애지중지하는 장난감을 향해 뛰었습니다. 그리고 그 장난감을 손에 넣었습니다.

쏜살같이 옷을 챙겨 입고 놀이터로 나갔습니다. 형의 의기양양했던 모습을 생각하며 진우는 로봇을 아이들에게 자랑했습니다.

진우는 형이 오기 전까지 마냥 행복할 것입니다.

Q 이 이야기의 상황에 맞는 속담을 책 속에서 찾아보세요.(힌트는 형은 힘세고 강한 자, 동생은 약하고 눈치 보는 자로, 힘센 사람이 사라지고 난 자리에 약한 자가 큰 소리 친다는 내용을 담고 있어요.)

A

속담을 바르게 써 보세요

아비만 한 자식 없다

앉아 주고 서서 받는다

 자식이 부모에게 아무리 잘해도 부모가 자식 생각하는 것만은 못하다는 말. 또는 자식이 아무리 훌륭하더라도 부모만큼은 못하다는 의미도 있습니다.

빌려 주기는 쉬우나 돌려받기는 어렵다는 뜻. 유사 앉아 준 돈 서서도 못 받는다

아비만 한 자식 없다

앉아 주고 서서 받는다

속담을 바르게 써 보세요

얌전한 고양이 부뚜막에 먼저 올라

간다

겉으로는 얌전한 사람이 엉뚱한 짓을 하거나 자기 실속을 다 차리는 경우를 가리키는 말이랍니다.
유사 점잖은 개 부뚜막에 똥싼다

 속담을 바르게 써 보세요

얌전한 고양이 부뚜막에 먼저 올라간다

속담을 바르게 써 보세요

양지가 음지 되고 음지가 양지 된
다

세상일이란 돌고 도는 것이어서 처한 사정이나 형편이 뒤바뀌는 경우가 많다는 의미입니다. 그러니 좋은 상황일 때 감사할 줄 알고 나쁜 상황일 때 절망하지 마세요. 단어 ① 양지 : 햇볕이 바로 드는 곳. ② 음지 : 햇볕이 들지 않는 곳.

속담을 바르게 써 보세요

양지가 음지 되고 음지가 양지 된다

속담을 바르게 써 보세요

언 발에 오줌 누기

열흘 나그네 하룻길 바빠한다

 언 발을 녹이려고 오줌을 누면 잠깐은 따뜻할진 모르지만 결국엔 그 오줌까지 얼게 돼요. 순간의 위기를 모면하려다 결국 상황이 더 나쁘게 되었을 때 쓰는 말입니다.
유사 ① 아랫돌 꺼내 위에 괴기 ② 임시방편

 오래 걸릴 일은 처음에는 그리 바쁘지 않은 듯하더라도 급히 서둘러 하지 않으면 안 된다는 뜻. 또한 너무 급히 서두르지 말라는 의미도 있어요.

언 발에 오줌 누기

열흘 나그네 하룻길 바빠한다

속담을 바르게 써 보세요

열 길 물속은 알아도 한 길 사람

속은 모른다

물은 아무리 깊어도 깊이를 잴 수 있으나 시시각각 변하는 사람의 마음은 도저히 알기 어려운 법이죠.
단어 길 : 길이의 한 단위로 사람 키의 한 길이 정도를 이르는 말.

열 길 물속은 알아도 한 길 사람 속은 모른다

사고뭉치 동생의 속을 알 수가 없어.

사람의 마음은 늘 변하니까.

속담을 바르게 써 보세요

열 사람이 지켜도 한 도적을 못 막는다

> 여러 사람이 함께 지켜도 한 사람이 나쁜 짓을 하려고 작정을 하면 막을 수 없다는 말이에요.

다시 한번 써 보세요

열 사람이 지켜도 한 도적을 못 막는다

속담을 바르게 써 보세요

염불에는 맘이 없고 잿밥에만 맘이ˇ

있다

> 맡은 일에는 정성을 다하지 않으면서 자기 욕심을 채우기 위해 다른 곳에만 마음을 쓰는 경우를 비유적으로 이르는 말이에요.
>
> **단어** ① 염불 : 불경(불교 교리를 밝혀놓은 모든 책을 통틀어 이르는 말)을 외는 일. ② 잿밥 : 불공할 때 부처 앞에 놓는 밥.

염불에는 맘이 없고 잿밥에만 맘이 있다

속담을 바르게 써 보세요

요강 뚜껑으로 물 떠 먹은 셈

우물귀신 잡아넣듯 하다

오줌 누는 그릇의 뚜껑으로 물을 마신다는 것, 상상만 해도 불쾌하죠? 별일은 없으리라고 생각하면서도 어딘지 개운하지 않고 마음에 걸린다는 의미예요.

우물귀신은 다른 사람을 대신 끌어넣어야 우물에서 빠져나올 수 있다는 미신에서 유래한 말이에요. 어떤 어려움이나 걱정에서 벗어나기 위해 남을 곤란하게 만들 때 쓰는 속담입니다.

요강 뚜껑으로 물 떠 먹은 셈

우물귀신 잡아넣듯 하다

십자퍼즐

 가로 뜻풀이

❶ 어떤 일이 있어도 언제나 말은 정직하게 해야 한다는 뜻이에요.

❷ 끝나지 않을 것처럼 질질 끌던 일도 언젠가는 끝나게 되니 희망을 가지라는 의미예요.

❸ 아이들 버릇을 잘 가르치기 위해서는 아이에게 당장 좋게만 해 주는 것이 오히려 해롭다는 뜻으로, 자식은 귀할수록 엄격히 가르치라는 의미입니다.

❹ 수단이나 방법에 상관없이 목적만 이루면 된다는 말.

❺ 실속 없는 사람이 겉으로 더 요란하게 말하는 것을 비유적으로 이르는 말이에요. 말이 많다고 무조건 똑똑한 것은 아니랍니다.

 세로 뜻풀이

❶ 본래 좋고 훌륭한 것은 비록 상해도 그 뛰어남에는 변함이 없다는 의미예요.

❷ 집을 지켜야 할 개가 엉뚱하게 들에 나가서 짖는다는 말이에요. 자기가 마땅히 해야 할 일은 하지 않고 아무 소용없는 데 가서 잘난 체하고 떠드는 행동을 꼬집는 말이랍니다.

❸ 자기 허물은 생각지 않고 남의 작은 허물만 꾸짖을 때 쓰는 말이에요. 항상 자기 자신을 돌아보고 반성하는 태도가 먼저입니다.

❹ 마음이 깊어야 사람들이 따른다는 뜻. 마음 깊은 사람이 되려면 어떤 노력을 해야 할까요?

❺ 말만 잘하면 어려운 일이나 불가능해 보이는 일도 해결할 수 있다는 말. 말은 잘 하면 약이 되기도 하고, 잘못 하면 독이 되기도 하죠.

❻ 벙어리가 안타까운 마음을 하소연할 길이 없어 속만 썩는다니 매우 답답하겠죠? 답답한 사정이 있어도 남에게 말하지 못하고 혼자만 괴로워하며 걱정하는 경우를 일컫는 말.

속담을 바르게 써 보세요

우물에 가 숭늉 찾는다

우물 옆에서 목말라 죽는다

 모든 일에는 질서와 차례가 있는 법인데 참지 못하고 성급하게 덤비면 어떻게 될까요? 급할수록 더욱 신중해질 필요가 있죠. **단어** 숭늉 : 밥을 지은 솥에서 밥을 푸고 물을 부어서 데운 물.

도무지 융통성이 없고 소극적이어서 답답한 사람에게 하는 말이에요.

우물에 가 숭늉 찾는다

 네 옆에 있다간 우물 옆에서 목말라 죽겠다.

 내가 그렇게 융통성이 없어?

우물 옆에서 목말라 죽는다

속담을 바르게 써 보세요

울고 싶자 때린다

마침 울고 싶은데 때리니 좋은 구실이 생긴 거겠죠. 하고 싶은데 좋은 핑계거리가 생겼을 때 쓰는 말.

울고 싶자 때린다

 속담을 바르게 써 보세요

웃느라 한 말에 초상 난다

농담으로 한 말이 상대방을 죽게 할 수도 있다는 뜻. 무심코 던진 돌멩이에 개구리가 맞아죽을 수 있단 말도 있어요. 그만큼 말은 항상 조심스럽게 해야겠죠? 단어 초상나다 : 집안에 죽은 사람이 생기다.

웃느라 한 말에 초상 난다

속담을 바르게 써 보세요

원님 덕에 나팔 분다

원님 옆에 있으면 원님이 받는 후한 대접을 같이 받는다는 뜻으로, 다른 사람 덕분에 호강할 때를 일컫는 말. **단어** 원님 : 고을의 '원'의 높임말. "우리 마을에 원님이 새로 오신대."

원님 덕에 나팔 분다

속담을 바르게 써 보세요

일각이 삼추 같다

짧은 동안도 삼추(三秋), 즉 세 번의 가을이 지난 것처럼 여겨진다는 말이에요. 기다리는 마음이 간절하면 시간이 느리게 흐르는 것처럼 느껴지는 법이죠. **단어** 일각(一刻) : 매우 짧은 동안.

일각이 삼추 같다

리코더 시험 보는데 왜 이리 시간이 안 가는지. 휴~

속담을 바르게 써 보세요

입에 쓴 약이 병에는 좋다

입은 비뚤어져도 말은 바로 해라

 자기에 대한 충고나 비판이 당장은 듣기 싫지만 이를 받아들이면 나중에라도 자신에게 도움이 된다는 말. 반대로 지나친 칭찬은 독이 될 수도 있답니다.
유사 입에 쓴 약이 병을 고친다

 어떤 일이 있어도 언제나 말은 정직하게 해야 한다는 뜻이에요.

입에 쓴 약이 병에는 좋다

입은 비뚤어져도 말은 바로 해라

속담을 바르게 써 보세요

자는 벌집 건드린다

그대로 가만히 두면 아무 탈이 없을 것을 공연히 건드려 문제를 일으키는 경우에 하는 말입니다.
유사 ① 자는 호랑이 코 찌르기 ② 자는 호랑이 코침 주기

자는 벌집 건드린다

속담을 바르게 써 보세요

자다가 봉창 두드린다

앞뒤 상황에 전혀 관계없는 엉뚱한 소리를 불쑥 할 때를 비유적으로 이르는 말이에요.
유사 자다가 남의 다리 긁는다 단어 봉창 : 봉한 창문. 벽에 구멍을 내어 종이를 바른 창.

자다가 봉창 두드린다

속담을 바르게 써 보세요

자라 보고 놀란 가슴 솥뚜껑 보고ˇ

놀란다

어떤 일에 한 번 몹시 놀라면 그와 비슷한 것만 보아도 겁을 내기 쉽답니다.
유사 불에 놀란 놈은 부지깽이만 봐도 놀란다

속담을 바르게 써 보세요

잘 되면 제 탓 못되면 조상 탓

성공한 일은 자기 공으로, 실패한 일은 남의 탓으로 돌리는 경우. 또는 자신에게 유리한 방향으로 해석하는 사람을 일컫는 말이에요.

잘 되면 제 탓 못되면 조상 탓

재주는 장에 가도 못 산다

재주는 돈으로 살 수 있는 것이 아니라 배우고 익혀서 능력을 키워야 한다는 의미에요.

재주는 장에 가도 못 산다

속담을 바르게 써 보세요

저 먹자니 싫고 남 주자니 아깝다

> 자기한테 소용이 없는 물건도 막상 남을 주자니 아깝고 싫다는 뜻입니다. 몹시 인색하고 욕심 많은 사람을 빗대어 하는 말이에요.

저 먹자니 싫고 남 주자니 아깝다

속담을 바르게 써 보세요

젊어서 고생은 사서도 한다

젊었을 때 겪은 고생은 중요한 경험이 되므로 부지런히 노력하면 뒷날 큰 보람을 얻을 수 있다는 말.

젊어서 고생은 사서도 한다

속담을 바르게 써 보세요

제 논에 물 대기

남이 손해를 보든 말든 상관없이 자기의 이익만 생각하고 행동한다는 뜻입니다. 이런 욕심쟁이가 되지 말아야겠죠?

제 논에 물 대기

콩트

지난 밤 수연이는 밤에 물마시러 부엌으로 향했습니다.
어두운 부엌 냉장고 문을 여는 순간 무엇인가 쏜살같이 냉장고 뒤로 사라지는 겁니다.
"아악! 뭐야. 엄마 무서워~."
"수연아 뭘 보고 그리 놀란 거니?"
"엄마 바퀴벌레인가봐. 바퀴벌레 너무 싫어요."
"이런, 바퀴벌레 약을 놔야겠구나. 놀랬지? 걱정말고 어서 다시 들어가서 자."

간밤에 바퀴벌레 소동으로 잠을 설친 수연이는 아침부터 늦잠을 자다 허둥지둥 학교로 향했습니다.
첫 시간은 실험관찰 시간.
벌써 과학실에 모인 아이들이 머리를 맞대고 무언가를 흥미롭게 들여다보고 있네요. 호기심이 발동한 수연이는 그 틈바구니를 헤치고 들여다보다가 놀라서 뒤로 엉덩방아를 찧어버렸습니다.
"으악! 바퀴벌레가 왜 이렇게 커?"

"으하하~ 이거 바퀴벌레가 아니라 장수하늘소야."
"아, 그렇구나. 휴, ★★ △△ ●● ■■ ▲▲▲ ○○ ◆◆◆더니…."
"어젯밤에 바퀴벌레 보고 놀라서 모든 게 바퀴벌레로 보이잖아. 깜짝이야"

Q 상황을 떠올리며 동그라미 속에 들어갈 속담을 생각해 보세요.

A

속담을 바르게 써 보세요

죄는 지은 데로 가고 덕은 닦은

데로 간다

나쁜 일을 하면 벌을 받고 착한 일을 하면 복을 받는다는 말입니다. 유사 죄는 지은 데로 가고 물은 트는 데로 간다

다시 한번 써 보세요

죄는 지은 데로 가고 덕은 닦은 데로 간다

속담을 바르게 써 보세요

지성이면 감천

짖는 개는 물지 않는다

 누구나 정성을 다하면 하늘이 도와 이루어질 수 없을 것 같던 소원도 이루어진다는 뜻이에요.
단어 ① 지성(至誠) : 지극한 정성. ② 감천(感天) : 정성이 지극하여 하늘이 감동함.

 시도 때도 없이 짖는 개는 정작 불안하고 초조해서 으르렁대는 것일 뿐이라고 해요. 겉으로 떠들어 대는 사람이 도리어 알맹이는 없는 경우에 쓰는 속담입니다.

지성이면 감천

짖는 개는 물지 않는다

속담을 바르게 써 보세요

쪽박을 쓰고 벼락을 피하랴

첫 술에 배 부르랴

 작은 바가지를 쓰고서는 쏟아지는 물도 막기 어려운데 벼락을 피하는 것은 어림도 없겠죠? 봉변을 당했을 때 당황해서 저도 모르는 사이에 어리석은 방법으로 벗어나려고 하는 경우를 일컫는 말이에요. 유사 쪽박 쓰고 비 피하기

어떤 일이든지 단번에 만족할 수 없죠. 꾸준히 노력하다 보면 좋은 결과가 생긴답니다.
유사 천 리 길도 한 걸음부터 단어 술 : 숟가락으로 떠서 분량을 세는 단위. "밥 한 술 뜨시오."

쪽박을 쓰고 벼락을 피하랴

첫 술에 배 부르랴

속담을 바르게 써 보세요

친구 따라 강남 간다

여기서 강남은 중국 양자강 남쪽의 아주 먼 곳을 가리키는 말이에요. 뚜렷한 자기 주관 없이 남에게 끌려서 덩달아 하게 되었을 때 쓰는 속담입니다.

친구 따라 강남 간다

 속담을 바르게 써 보세요

코 막고 답답하다고 한다

자기 힘으로 쉽게 할 수 있는 일을 엉뚱하게 다른 곳에서 해결하려 할 때 하는 말이에요.

코 막고 답답하다고 한다

속담을 바르게 써 보세요

콩으로 메주를 쑨다 하여도 곧이

듣지 않는다

콩으로 메주를 쑤는 것은 분명한 사실이죠? 이렇게 분명한 사실을 말해도 믿지 않는다는 뜻이니, 거짓말을 자주 하는 사람이 진실을 말해도 믿어주지 않을 때 쓰는 말이랍니다.

유사 콩 가지고 두부 만든대도 곧이 안 듣는다

콩으로 메주를 쑨다 하여도 곧이 듣지 않는다

속담을 바르게 써 보세요

콩 볶아 먹다가 가마솥 터뜨린다

작은 이익을 탐내다가 큰 손해를 보는 경우.

콩 볶아 먹다가 가마솥 터뜨린다

속담을 바르게 써 보세요

콩을 팥이라 해도 곧이 듣는다

남이 거짓을 말해도 곧이곧대로 잘 믿는 것을 비유적으로 이르는 말이에요.

콩을 팥이라 해도 곧이 듣는다

속담을 바르게 써 보세요

탕건 쓰고 세수한다

파장에 엿장수

탕건 벗고 세수하는 것이 순서에 맞지만, 일의 순서가 틀려 모양이 안 좋게 되었다는 뜻입니다.
단어 탕건 : 옛날 관원이 갓 아래에 받쳐 쓰던 두건의 한 가지. 앞이 낮고 뒤가 높아 턱이 졌다.

때를 놓치고 볼품사납게 된 사람이나 경우를 일컫는 말. 어떤 일이든 늘 적절한 시기가 있는 법이죠.
공부해야 할 때 열심히 공부하세요. 단어 파장 : 일이 거의 끝나가는 판이나 무렵.

다시 한번 써 보세요

탕건 쓰고 세수한다

파장에 엿장수

속담을 바르게 써 보세요

털도 아니 난 것이 날기부터 하려

한다

> 털도 나지 않은 어린 새가 바로 날 수는 없겠죠? 제 분수나 능력에 맞지 않는 일을 하려고 하는 어리석은 사람을 일컫는 말이에요.

털도 아니 난 것이 날기부터 하려 한다

속담을 바르게 써 보세요

털어서 먼지 안 나는 사람 없다

누구나 결점을 찾아 보면 작은 허물 하나쯤 없는 사람이 없다는 말이에요. 함부로 남을 욕해선 안 되겠죠?

털어서 먼지 안 나는 사람 없다

 속담을 바르게 써 보세요

평양감사도 저 싫으면 그만이다

아무리 좋은 일이라도 자기가 싫어하면 억지로 시킬 수 없다는 뜻이에요.

평양감사도 저 싫으면 그만이다

콩트

"이번 체육대회에서 우리반이 발야구시합에 나가기로 했다. 누구 발야구 아는 사람?"

"저요 저요~!"

동구가 자신있게 손을 듭니다.

"오동구 자신있어?"

"저만 믿으라구요!"

토요일 방과 후 동구는 친구들을 운동장에 집합시켰습니다.

"발야구 뭐 특별한 것 없어. 그냥 발로 야구를 한다고 생각하면 돼."

"동구야, 그럼 난 여기서 뭘 해야 해?"

"글쎄다, 공이 날아가면 냅다 2루로 뛰면 될 거야."

"그럼 난?"

"넌 날아오는 공을 그냥 잡기만 해… 그런 다음엔… 뭐더라?"

"너 발야구 제대로 알긴 아는 거야? 지난 시합에서는 몇 등 했어?"

"며칠 전에 형한테 배웠는데…."

"뭐라구? ★★★★ △△ ●●●더니… 우리 1등은커녕 이러다 예선에도 떨어지는 거 아냐? 동구 너 완전 허풍쟁이잖아!"

Q 상황을 떠올리며 빈칸 속에 들어갈 속담을 생각해 보세요.

A

속담을 바르게 써 보세요

품안의 자식

자식이 어렸을 때는 부모를 따르나 차츰 자라면 부모로부터 멀어진다 하여 쓰는 말입니다.

품안의 자식

속담을 바르게 써 보세요

풍년거지가 더 섧다

남은 다 잘 사는데 자기 혼자만 어렵게 지내는 것이 서럽다는 의미예요.

단어 섧다 : 원통하고 슬프다. 서럽다.

풍년거지가 더 섧다

속담을 바르게 써 보세요

핑계 없는 무덤이 없다

무슨 일이라도 반드시 둘러댈 핑계와 사연은 있다는 말이에요.

핑계 없는 무덤이 없다

속담을 바르게 써 보세요

하나만 알고 둘은 모른다

사물의 한 면만 보고 전체적으로 보지는 못한다는 뜻으로, 생각이 밝지 못하여 도무지 융통성이 없고 미련하다는 말입니다. 유사 감출 줄은 모르고 훔칠 줄만 안다

하나만 알고 둘은 모른다

속담을 바르게 써 보세요

하늘이 무너져도 솟아날 구멍이 있다

아무리 어려운 상황에서도 침착하게 대처하면 극복할 수 있다는 말입니다. 힘들어도 절대 포기하지 마세요.

하늘이 무너져도 솟아날 구멍이 있다

속담을 바르게 써 보세요

향기 나는 미끼 아래 반드시 죽는

고기가 있다

> 옛날 중국 월나라 왕은 오나라 왕에게 미녀 서시를 바쳤는데, 그때부터 오나라 왕은 서시에게 흠뻑 빠져서 놀기만 하고 나라를 돌보지 않았대요. 결국 오나라는 급격하게 쇠약해졌고 월나라의 공격으로 왕도 죽고 나라도 망했다는 데서 유래한 말이에요. 당장은 편하고 싶고 즐기고 싶은 유혹에 쉽게 넘어가면 반드시 후회하게 된답니다. 입에는 단 것이 몸에는 좋지 않은 법이니까요.

다시 한번 써 보세요

향기 나는 미끼 아래 반드시 죽는 고기가 있다

속담을 바르게 써 보세요

호랑이 굴에 가야 호랑이 새끼를

잡는다

> 호랑이 굴에 가지 않고 호랑이를 잡을 수 있겠어요? 원하는 결과를 얻으려면 그에 마땅한 노력을 해야 한다는 말입니다. 아무리 겁나고 두려울지라도 용기있게 도전해 보세요.
> **유사** 범의 굴에 들어가야 범을 잡는다

호랑이 굴에 가야 호랑이 새끼를 잡는다

호랑이 굴에 가야 호랑이 새끼를

속담을 바르게 써 보세요

하늘의 별 따기

호박에 말뚝 박기

> 하늘에 있는 별을 따는 건 불가능한 일이겠죠? 무엇을 얻거나 이루기가 매우 어려운 경우를 일컫는 말이에요.
>
> 심술궂고 성격이 고약하여 못된 짓을 일삼는다는 뜻이에요. 놀부가 잘하던 나쁜 행동 중 하나죠.
> [유사] 호박에 침주기 [단어] 말뚝 : 땅에 두드려 박는 기둥이나 몽둥이. 아래쪽 끝이 뾰족하다.

하늘의 별 따기

호박에 말뚝 박기

속담을 바르게 써 보세요

황소 뒷걸음질하다 쥐 잡는다

흥정은 붙이고 싸움은 말리랬다

 어리석은 사람도 어쩌다 한몫 할 때가 있다는 말이에요. 우연히 이루거나 알아맞힐 때 쓰는 속담이기도 하답니다.

 좋은 일은 권하고 나쁜 일은 말려야 한다는 뜻이에요.

단어 흥정 : 물건을 사고 팔기 위해 값 따위를 따지고 의논하는 일.

황소 뒷걸음질하다 쥐 잡는다

흥정은 붙이고 싸움은 말리랬다

속담을 바르게 써 보세요

호랑이 없는 골에 토끼가 왕 노릇

한다

> 뛰어난 사람이 없는 곳에서는 그보다 못난 사람이 큰소리 치며 잘난 체 한다는 뜻이에요.
> 유사 호랑이 없는 동산에 토끼가 선생 노릇 한다

 다시 한번 써 보세요

호랑이 없는 골에 토끼가 왕 노릇 한다

가로 뜻풀이

❶ 하기 싫은 일을 형식만 꾸미고 억지로 한다는 뜻이에요.

❷ 입으로는 그럴듯하게 말하지만 실상은 좋지 못하다는 말. 말이 많음을 경계하는 속담이에요.

❸ 해야 할 말을 못하고 끙끙대면 속병 날지도 몰라요. 할 말은 때를 놓치기 전에 속시원히 털어놓으세요.

❹ 조그만 바늘구멍으로 넓디넓은 하늘을 제대로 볼 수 있을까요? 전체를 포괄적으로 보지 못하는 매우 좁은 생각이나 관찰 과정을 비꼬는 말이랍니다.

❺ 배는 고파도 마음 편하게 사는 것이 낫다고 할 때 쓰는 말.

❻ 좋은 일은 권하고 나쁜 일은 말려야 한다는 뜻이에요.

세로 뜻풀이

❶ 새도 날개짓을 세차게 흔들어야 비로소 날 수 있는 법이죠. 어떤 일이든 순서를 밟아야 목적을 이룰 수 있다는 말로 준비가 없이는 결과를 얻을 수 없다는 뜻이에요.

❷ 한 무리 속에서 지지리 못난 사람의 잘못이나 실수가 같이 있는 동료까지 망신시킨다는 말이에요.

❸ 한 서당에서 훈장이 '바람 풍'(風) 자를 가르치는데 혀가 짧아서 '바담 풍'으로밖에 소리가 나지 않자 학생들 역시 '바담 풍' 하고 따라 읽었어요. 그러자 훈장이 불같이 화를 내면서 "○○ ○○ ○ ○○ ○○ ○○ ○ ○○"고 했다는 이야기에서 유래한 말. 자기의 잘못은 잘 모르면서 남에게만 잘 하라고 요구하는 사람을 빗대어 하는 말입니다.

❹ 5월에서 6월 경 농촌 들판을 주름잡던 메뚜기 떼도 시간이 지나면 사라지듯이 명예나 행운도 계속되지 않고 지나가게 마련이라는 말. 번성할 때가 있으면 쇠할 때가 있으니 항상 자만하지 말아야 한다는 의미예요.

❺ 사물의 한 면만 보고 전체적으로 보지는 못한다는 뜻으로, 생각이 밝지 못하여 도무지 융통성이 없고 미련하다는 말입니다.

말 없는 집은 열쇠 / 나 마음없는 새 도시다 / 새장 맛은 집 / 것을 쳐여 있다 / 나는 셋 어디 있다 / 나는 바람 통해 도 / 고기는 바람 통해 도 / 과 할 담산은 해 / 과 머리까지 / 시 킨 다 / 나는 바람 높 보기 / 도 꾸준 하고 한 호 / 도 바람 편 안 산 다 / 토 음은 씨 아리 / 홍 정은 말 리 했 다 / 메 부 기 도 어 수 영 한 철 이 다 / 밥은 굴 어 구 도 음 이 다

고학년(1·2) 속담 전체

가까운 길 두고 먼 길로 간다
편하고 빠른 방법이 있는데도 굳이 어렵고 힘든 방법을 택해 쓸데없이 고생한다는 뜻이에요.

가난 구제는 나라도 못한다
가난한 사람을 구하는 일은 끝이 없을 만큼 많아서 개인은 물론 나라의 힘으로도 힘들다는 뜻이에요.

가는 말에 채찍질
한창 힘나서 할 수 있을 때 더욱 열심히 힘써야 한다는 뜻이에요.

가다 말면 안 가느니만 못하다
어떤 일을 하다가 도중에 그만 두면 처음부터 하지 않는 편이 차라리 나을지도 모르죠.

가랑잎이 솔잎더러 바스락거린다고 한다
제 허물이 큰 줄은 모르고 남의 작은 허물을 나무라는 어리석은 행동을 이르는 말이에요.

가려운 데를 긁어 주듯
상대가 무엇이 필요한지 잘 알아서 그 욕구를 시원하게 만족시켜 준다는 뜻이에요.

가자니 태산이요, 돌아서자니 숭산이라
앞에도 큰 산, 뒤에도 큰 산으로 막혀 있어서 꼼짝없이 갇혔다는 의미예요. 이럴 수도 저럴 수도 없는 답답한 상황에서 쓰는 말입니다.

가재는 게 편
모양이나 형편이 서로 비슷하고 인연이 있는 사람끼리 서로 잘 어울리고, 감싸주기 쉬움을 비유적으로 이르는 말.

가지 많은 나무에 바람 잘 날이 없다
자식을 많이 둔 부모는 늘 근심이 그칠 날이 없게 마련이지요.

간에 붙었다 쓸개에 붙었다 한다
자기에게 조금이라도 이익이 되면 이편에 붙었다 저편에 붙었다 하는 약아빠진 행동을 이르는 말.

감기 고뿔도 남을 안 준다
자신에게 해로운 감기마저도 남에게 안 줄 정도로 지독하게 인색한 사람을 일컫는 말이에요.

감나무 밑에 누워서 홍시 떨어지기를 기다린다
공부는 안하고서 시험에서 좋은 성적 받기를 바라는 것은 헛된 욕심이겠지요? 아무런 노력도 하지 않으면서 좋은 결과가 이루어지기만을 바라는 것을 비유적으로 이르는 말이에요.

갓 사러 갔다가 망건 산다
사려고 하던 물건이 없자 그와 비슷하거나 전혀 쓰임이 다른 것을 사는 경우 또는 남이 권하는 대로 따르는 경우를 가리키는 말이에요.

강물도 쓰면 준다
많다고 해서 마구 쓰면 결국에는 남는 것이 없겠죠? 평소 모든 물건을 아껴쓰라는 말이에요.

강태공이 세월 낚듯 한다
중국 주나라 때 정치가 강태공이 때를 기다리기 위해 호숫가에서 낚시질로 세월을 보냈다고 해요. 무슨 일이든 더디고 느린 것을 가리키는 말로 쓰입니다.

갓바치 내일 모레
신 만드는 사람이 일이 몰려 약속한 날을 번번이 어기고 계속 미룬다는 뜻. 약속된 날짜를 지키지 않고 해야 할 일을 차일피일 미루는 사람들을 빗대어 하는 말이에요.

개 꼬리 삼 년 묵어도 황모 되지 않는다
개의 꼬리를 황모가 되라고 3년이나 묻어두어도 불가능하다는 말. 본래 타고난 성격은 고치기 어렵다는 뜻이에요.

개구리도 옴쳐야 뛴다
무슨 일을 하든지 아무리 급해도 준비운동은 하고 시작해야겠죠?

개도 닷새가 되면 주인을 안다
짐승인 개도 자기를 돌봐주는 주인을 알아본다고 해요. 은혜를 저버리고 배신하는 사람을 이르는 말입니다.

개똥도 약에 쓰려면 없다
평소에는 흔하던 물건도 정작 쓰려고 하면 없다는 뜻.

개 머루 먹듯
개는 익은 머루와 안 익은 머루를 구별하지 못하고 그 맛도 모르면서 먹어요. 이처럼 어떤 일을 할 때 무엇인지도 잘 모른 채 대충 하거나 좋고 나쁨을 가리지 못한 채 주어진 대로만 하는 경우를 두고 쓰는 말이에요.

개 못된 것은 들에 가서 짖는다
집을 지켜야 할 개가 엉뚱하게 들에 나가서 짖는다는 말이에요. 자기가 해야 할 일은 하지 않고 아무 소용없는 데 가서 잘난 체하고 떠드는 행동을 꼬집는 말이랍니다.

개 발에 편자
개 발에 편자가 무슨 소용이 있겠어요? 전혀 어울리지 않는 상황이나 물건을 두고 하는 말이에요.

개 보름 쇠듯
정월대보름엔 소도 좋은 먹이를 먹지만 개만큼은 먹이를 주면 여름에 파리가 꾀고 깡마른다고 하여 굶겼다고 해요. 남들은 잘 먹고 지내는 명절에 제대로 먹지 못하고 지낸다는 말이에요.

거둥길 닦아 놓으니까 깍쟁이가 먼저 지나간다
임금이 거둥할 길을 애써 닦아 놓으니까 말도 안 되는 사람이 먼저 지나간다는 의미입니다.

거미도 줄을 쳐야 벌레를 잡는다
무슨 일이든지 그 일에 필요한 준비가 있어야 그 결과를 얻을 수 있다는 말.

게으른 놈이 저녁때 바쁘다
게으른 사람은 놀다가 일이 다 끝날 즈음에야 서두른다는 뜻. 숙제는 미뤄서 하지 말고 미리미리 하세요.

겨울바람이 봄바람 보고 춥다 한다
자기 허물은 생각지 않고 남의 작은 허물만 꾸짖을 때 쓰는 말이에요.

겨울이 지나지 않고 봄이 오랴
세상일에는 다 일정한 순서와 법칙이 있어서 아무리 급해도 억지로 바꿀 수가 없어요. 또한 겨울이 지나면 따뜻한 봄이 오듯 시련과 곤란을 극복해야 보람된 결과를 얻을 수 있다는 말이에요.

고기는 씹어야 맛이요, 말은 해야 맛이라
해야 할 말을 못하고 끙끙대면 속병 날지도 몰라요. 할 말은 때를 놓치기 전에 속 시원히 털어놓으세요.

고름이 살 되랴
고름은 몸에 지니고 있어봤자 해로울 뿐이죠. 필요없는 것은 묵히지 말고 미리 없애버려야 한다는 뜻.

고방에서 인심 난다
내 배가 우선 부르고 여유가 있어야 남을 도울 수도 있다는 뜻.

고양이 쥐 생각
속으로는 해칠 마음을 품고 있으면서, 겉으로는 친절한 척한다는 뜻.

고운 사람 미운 데 없고 미운 사람 고운 데 없다
고운 사람은 어떻게 해도 예뻐 보이고 미운 털이 박힌 사람은 무슨 일을 해도 미워 보인다는 뜻이에요.

공든 탑이 무너지랴
공을 들여 쌓은 탑은 튼튼해서 무너질 리 없죠. 무엇이나 노력하고 정성을 다한 일은 결코 헛되지 않다는 의미.

과일 망신은 모과가 시킨다
한 무리 속에서 지지리 못난 사람의 잘못이나 실수가 같이 있는 동료까지 망신시킨다는 말이에요.

구더기 무서워 장 못 담글까
방해되는 요소가 있다고 해도 반드시 해야 할 일을 그냥 넘기면 안 되겠죠? 문제를 해결하는 능력을 키우세요.

귀신이 곡할 노릇
황당하고 신기한 일이 생길 때 하는 말이에요.

귀 막고 방울 도둑질한다
도둑이 자기 귀를 막고 방울을 도둑질하다니 참으로 어리석은 눈속임이죠? 얕은 꾀를 써서 남을 속이려고 하지만 거기에 속는 사람이 없음을 이르는 말.

귀한 자식 매 한 대 더 때리고 미운 자식 떡 한 개 더 준다
자식이 이쁘다고 아이에게 좋게만 해 주는 것이 오히려 해롭다는 뜻으로, 자식은 귀할수록 엄격히 가르치라는 의미입니다.

급하다고 바늘허리에 실 매어 쓸까
바느질을 하려면 먼저 바늘구멍에 실을 꿰어야 하지만, 급하다고 바늘허리에다 실을 맨다면 바느질이 되질 않겠죠. 무슨 일이든 절차와 순서가 있으니 침착하게 일을 처리하라는 뜻입니다.

급하면 밑 씻고 똥 눈다
똥을 눈 다음에 밑을 씻어야 하는 게 올바른 순서겠죠? 그만큼 급하면 순서가 마구 뒤바뀐다는 뜻이에요.

꾸어다 놓은 보릿자루
여럿이 모여 이야기하는 자리에서 아무 말도 하지 않고 옆에 가만히 있는 사람을 일컫는 말이에요.

꿀도 약이라 하면 쓰다
좋은 말이라도 충고라고 하면 괜히 기분이 나빠 듣기 싫어한다는 말. 몸에 좋은 약이 입에는 쓴 법이죠.

꿀 먹은 벙어리
속에 있는 생각을 표현하지 못하고 속으로만 끙끙 앓는 사람을 가리키는 말이에요.

꿩 잡는 것이 매다
꿩을 잡아야 매라고 인정할 수 있다는 뜻으로, 어떠한 방법을 사용하든지 목적을 이루는 것이 가장 중요하다는 말. 또는 실제로 제 구실을 해야 할 자격이 있다는 의미.

끈 떨어진 뒤웅박
의지할 데 없이 외롭고 불안하게 된 처지를 일컫는 말이에요.

나는 바담 풍 해도 너는 바람 풍 해라
한 서당에서 훈장이 '바람 풍'(風) 자를 가르치는데 혀가 짧아서 '바담 풍'으로밖에 소리가 나지 않자 학생들 역시 '바담 풍' 하고 따라 읽었어요. 그러자 훈장이 불같이 화를 내면서 "나는 바담 풍 해도 너희들은 바람 풍 해라"고 했다는 이야기에서 유래한 말. 자기의 잘못은 잘 모르면서 남에게만 잘 하라고 요구하는 사람을 빗대어 하는 말입니다.

나는 새도 깃을 쳐야 날아간다
새도 날갯짓을 세차게 흔들어야 비로소 날 수 있는 법이죠. 어떤 일이든 순서를 밟아야 목적을 이룰 수 있다는 말로 준비가 없이는 결과를 얻을 수 없다는 뜻이에요.

나는 새도 떨어뜨린다
모든 일을 자기 뜻대로 할 만큼 권력과 세력이 대단함을 나타내는 말이에요.

나중 난 뿔이 우뚝하다
선배보다 그 후배들의 재주나 실력이 더 나을 때 하는 말이에요.

낙숫물이 댓돌을 뚫는다
작은 힘이라도 꾸준히 계속하면 큰일을 이룰 수 있음을 비유적으로 이르는 말.

낙숫물은 떨어지던 데 또 떨어진다
한번 버릇이 들면 고치기 어렵다는 뜻입니다. 나쁜 버릇이 들지 않도록 노력해요.

남의 눈에 눈물 내면 제 눈에는 피눈물 난다
남에게 모질고 악한 짓을 하면 자신은 더 심하게 벌을 받게 된다는 뜻.

남의 다리 긁는다
자기가 해야 할 일을 모른 채 엉뚱하게 다른 일을 할 때 쓰는 말.

남의 밥에 든 콩이 굵어 보인다
물건은 남의 것이 제 것보다 더 좋아 보이고, 일은 남의 일이 제 일보다 더 쉬워 보인다는 의미.

남의 돈 천 냥이 내 돈 한 푼만 못하다
아무리 작고 보잘것없어도 내 손 안에 있는 것이 남의 것보다 낫다는 뜻.

내리사랑은 있어도 치사랑은 없다
윗사람이 아랫사람을 사랑하기는 해도 아랫사람이 윗사람을 사랑하기는 좀처럼 쉽지 않다는 뜻이에요. 또한 부모님은 자식들에게 한없이 사랑을 베풀지만, 자식들은 부모에게 한없이 원하기만 한다는 뜻도 있어요.

내 손톱에 장을 지져라
손톱에 불을 달아 장을 지지면 그 고통이 어떨까요? 그런 모진 일을 겪을 각오를 하고도 자기가 옳다는 것을 장담할 때 쓰는 말.

누울 자리 봐 가며 발 뻗어라
실컷 한 일이 헛수고가 될 수도 있으니 무슨 일을 하든지 그 결과를 예측하면서 시작하라는 말이에요.

눈은 있어도 망울이 없다
있기는 있는데 가장 중요한 것이 빠져서 없는 것과 마찬가지라는 말. 또는 사물을 제대로 분별할 줄 모를 때 쓰는 말.

늙은 말이 길을 안다
나이와 경험이 많으면 그만큼 일에 대한 이치를 잘 안다는 뜻.

늦게 배운 도둑이 날 새는 줄 모른다
어떤 일에 남보다 뒤늦게 재미를 붙이면 그칠 줄 모르고 더욱 열중한다는 뜻이에요.

달걀도 굴러가다 서는 모가 있다
끝나지 않을 것처럼 질질 끌던 일도 언젠가는 끝나게 되니 희망을 가지라는 의미예요.

달도 차면 기운다
행운이 있으면 뒤에는 불운도 따른다는 말. 지금의 행운이 언제나 계속되는 것은 아니라는 뜻이에요.

당장 먹기엔 곶감이 달다
당장 좋은 것은 한순간뿐이고 참으로 좋고 이로운 것이 못 된다는 뜻.

도깨비는 방망이로 떼고, 귀신은 경으로 뗀다
몹시 귀찮은 존재를 멀리하는 데는 각각에 맞는 방법을 써야 효과적이란 뜻이에요.

도끼로 제 발등 찍는다
남을 해치려다 오히려 자기가 해를 입는다는 뜻이에요.

도둑을 맞으려면 개도 안 짖는다
운수가 나쁘면 하나부터 열까지 모든 것이 제대로 되는 일이 없다는 말이에요.

도둑이 제 발 저리다
죄를 지으면 자연히 마음이 조마조마하고 반드시 티가 나게 마련이라는 말이에요.

도둑이 매 든다
자기 잘못을 뉘우치거나 조마조마해 하지 않고 오히려 뻔뻔하게 큰소리를 치다니 기가 막히고 황당하죠.

독장수구구는 독만 깨뜨린다
옛날에 옹기장수가 길에서 독을 쓰고 자다가 꿈에 큰 부자가 되어 좋아서 뛰는 바람에 꿈을 깨고 보니 독이 깨졌더라는 이야기에서 유래. 쓸데없이 미리 셈을 하거나 궁리하는 것을 '독장수구구'라고 해요.

돈은 앉아서 주고 서서 받는다
남에게 돈을 빌려주기는 쉬우나 돌려받기는 매우 힘들다는 것을 비유적으로 이르는 말.

동냥은 안 주고 쪽박만 깬다
요구하는 것은 안 주고 도리어 방해만 하는 경우를 말해요. 심술쟁이 놀부가 잘 하던 짓.

두 손뼉이 맞아야 소리가 난다
무슨 일이든지 서로 뜻이 맞아야 이루어질 수 있다는 말이에요.

두 마리 토끼를 잡으려다 다 놓친다
욕심을 부려 한꺼번에 여러 가지 일을 하려다 그 가운데 하나도 이루지 못한다는 말.

드는 정은 몰라도 나는 정은 안다
정이 들 때는 잘 느끼지 못해도 정이 떨어져 싫어질 때는 확실히 알 수 있다는 말이에요. 또는 정이 들 때는 잘 느끼지 못했는데 막상 헤어질 때가 되니 그 정이 얼마나 두터웠는지 새삼 알게 된다는 뜻도 있답니다.

똥 묻은 개가 겨 묻은 개 나무란다
자기는 더 큰 흉이 있으면서 도리어 남의 작은 흉을 가지고 험담할 때 쓰는 말.

마른논에 물 대기
일이 매우 힘들거나 힘들여 해 놓아도 성과가 없는 경우를 가리키는 말이에요.

마른하늘에 날벼락
뜻하지 않은 상황에서 뜻밖에 입는 재난을 이르는 말이에요.

마음 없는 염불
하기 싫은 일을 형식만 꾸미고 억지로 한다는 뜻이에요.

말 많은 집은 장 맛도 쓰다
입으로는 그럴듯하게 말하지만 실상은 좋지 못하다는 말. 말이 많음을 경계하는 속담이에요.

말이 고마우면 비지 사러 갔다가 두부 사온다
상대편이 말을 고맙게 하면 이쪽에서도 후하게 인심을 쓰게 된다는 말이에요.

말 한마디에 천 냥 빚도 갚는다
말만 잘하면 어려운 일이나 불가능해 보이는 일도 해결할 수 있다는 말.

맛없는 국이 뜨겁기만 하다
교양이 없는 사람이 교만하고 까다롭게만 군다는 뜻이에요.

망건 쓰자 파장
장에 가려고 준비하는 동안 이미 파장하고 말았다는 뜻. 너무 늦장을 부리다가 기회를 놓치는 경우를 가리키는 말.

매달린 개가 누워 있는 개를 보고 웃는다
남보다 못한 형편에 있으면서 오히려 남을 비웃는 경우를 일컫는 말입니다.

먼 사촌보다 가까운 이웃이 낫다
가까이 지내는 이웃이 먼 데 사는 친척보다 훨씬 의지가 된다는 뜻으로, 이웃끼리 서로 도우며 사는 것이 중요하다는 의미입니다.

메뚜기도 오뉴월이 한철이다
5월에서 6월 경 농촌 들판을 주름잡던 메뚜기 떼도 시간이 지나면 사라지듯이 명예나 행운도 계속되지 않고 지나가기 마련이라는 말. 잘될 때가 있으면 안될 때도 있으니 항상 자만하지 말아야 한다는 의미예요.

며느리가 미우면 발뒤축이 달걀 같다고 나무란다
발뒤축이 달걀처럼 미끈하면 예쁜 것인데 그것도 흠이라고 한다니 너무하죠? 옛날부터 미운 사람에 대해서는 공연히 트집을 잡아서 억지로 허물을 지어낸다고 할 때 쓰는 말이에요.

물이 깊어야 고기가 모인다
마음이 깊어야 사람들이 따른다는 뜻. 마음 깊은 사람이 되려면 어떤 노력을 해야 할까요?

모처럼 능참봉을 하니까 한 달에 거둥이 스물아홉 번
오랫동안 기다린 끝에 모처럼 일자리를 하나 얻으니까 실속 없이 바쁘기만 하다는 말이에요.

모기 다리에서 피 뺀다
교묘한 수단으로 자기보다 약하고 힘 없는 사람에게도 재물을 뜯어내는 것을 말합니다.

모로 가도 서울만 가면 된다
수단이나 방법에 상관없이 목적만 이루면 된다는 말.

물 본 기러기 산 넘어가랴
그리운 사람이나 좋아하는 것을 봤는데 그냥 지나칠 리 없다는 말입니다.

물러도 준치 썩어도 생치
본래 좋고 훌륭한 것은 비록 상해도 그 뛰어남에는 변함이 없다는 의미예요.

물은 건너 보아야 알고 사람은 지내보아야 안다
사람은 겉만 보고는 알 수 없으며, 오래 겪어 보아야 사람됨을 알 수 있다는 말입니다.

미끄러진 김에 쉬어 간다
기회는 잘못되었지만 그때를 핑계 삼아 쉬거나 어떤 다른 행동을 하는 경우에 하는 말이에요.

미련이 담벼락 뚫는다
미련한 사람이 오히려 끈기가 있어 목표를 이루어낸다는 뜻. 끝까지 포기하지 않는 사람이 마지막에 웃는 법이죠.

밀가루 장사 하면 바람이 불고 소금 장사 하면 비가 온다
밀가루 장사를 하려고 장을 펼치면 바람이 불어와서 가루가 날리고 소금 장사를 하려고 하면 비가 와서 소금이 녹아내린다니 정말 운이 없죠? 일이 공교롭게도 매번 어긋남을 비유적으로 이르는 말입니다.

바늘구멍으로 하늘 보기
조그만 바늘구멍으로 넓디넓은 하늘을 제대로 볼 수 있을까요? 전체를 포괄적으로 보지 못하는 매우 좁은 생각이나 과정을 비꼬는 말이랍니다.

바늘 넣고 도끼 낚는다
작은 바늘을 가지고 낚싯대를 만들어서 물에 빠진 큰 도끼를 낚아 낸다는 뜻으로, 적은 밑천을 들여서 큰 이익을 얻으려 함을 비유하는 말.

바다는 메워도 사람 욕심은 못 채운다
　사람의 욕심은 끝이 없어서 영원히 채워지지 않는다고 해요. 그만큼 사람의 욕심이 무섭다는 의미입니다.

반 잔 술에 눈물 나고 한 잔 술에 웃음 난다
　남을 도와주려면 제대로 도와주어야 고마워한다는 뜻이에요. 대접은 조금만 소홀해도 서운한 법이니까요.

밥은 굶어도 속이 편해야 산다
　배는 고파도 마음 편하게 사는 것이 낫다고 할 때 쓰는 말.

방귀 뀐 놈이 성낸다
　방귀는 자기가 뀌어 놓고 오히려 남보고 성낸다니 어처구니 없죠? 잘못을 저지른 쪽에서 오히려 남에게 성내는 경우에 쓰는 말이에요.

뱁새가 황새를 따라가면 가랑이가 찢어진다
　자기 처지에 맞지 않게 힘겨운 일을 억지로 하면 도리어 손해만 입는다는 말이에요.

법 밑에 법 모른다
　법을 잘 지켜야 할 법률기관에서 도리어 법을 모르고 어기는 경우. 또는 자신에게 가까운 일을 정작 본인이 모르고 있는 경우.

벙어리 냉가슴 앓듯
　벙어리가 안타까운 마음을 하소연할 길이 없어 속만 썩는다니 매우 답답하겠죠? 답답한 사정이 있어도 남에게 말하지 못하고 혼자만 괴로워하며 걱정하는 경우를 일컫는 말.

벼 이삭은 익을수록 고개를 숙인다
　교양 있고 깨우침이 많은 사람일수록 잘난체 하지 않고 겸손하다는 뜻이에요.

복 없는 정승은 계란에도 뼈가 있다
　성품이 곧기로 유명한 황희 정승의 집으로 어느날 세종대왕이 진상품들을 모두 보내라고 했대요. 그런데 하필 그날 큰비가 내려 진상품이 도착하지 못하고 겨우 계란 한 꾸러미가 들어왔는데, 그것조차도 공교롭게 모두 상해 있었다는 일화에서 비롯된 속담이에요. 모처럼 좋은 기회를 잡았지만 뜻대로 되지 않을 때를 일컫는 말이에요.

부뚜막의 소금도 넣어야 짜다
　아무리 부뚜막 가까이에 있는 소금이라도 넣지 않으면 음식에 짠맛이 날 수 없겠죠?

분다 분다 하니까 하루아침에 왕겨 석 섬을 분다
　잘한다고 칭찬하니까 우쭐해서 지나칠 정도까지 무리하게 됨을 비유적으로 이르는 말.

비를 드니까 마당을 쓸라 한다
　지금 막 그 일을 하려고 하는데 그 일을 시키니 김샌다는 의미.

비 맞은 중놈 중얼거리듯
　불만이 가득 차 남이 알아듣지 못할 정도의 소리로 투덜대거나 홀로 중얼거릴 때 쓰는 말이에요.

비 오는 날 장독 덮었다 한다
　비가 오면 먼저 해야 할 일 중에 하나가 장독을 덮는 일입니다. 그런데 그것을 했다고 자랑하는 것은 당연히 할 일을 하고 생색내는 것이죠.

비지 먹은 배는 연약과도 싫다 한다
　비지와 같은 하찮은 음식이라도 배불리 먹고 나면 연약과와 같이 맛있고 먹기 좋은 음식도 먹을 생각이 나지 않죠. 하잘것없는 음식도 배만 부르면 더이상 어떤 음식도 먹을 수 없다는 뜻이에요.

빈 수레가 요란하다
　실속 없는 사람이 겉으로 더 요란하게 말하는 것을 비유적으로 이르는 말이에요.

뿌리 깊은 나무 가뭄 안 탄다
　땅속 깊이 뿌리 내린 나무는 가뭄에도 말라 죽는 일이 없습니다. 무엇이든 기초가 튼튼하면 어떠한 시련이 와도 견뎌낼 수 있답니다.

사공이 많으면 배가 산으로 간다
　배는 바다로 가야 하는데 사공이 많으면 엉뚱하게 산으로 갈 수 있다는 뜻입니다.

사돈네 안방 같다
　사돈네 안방처럼 감히 넘겨다 보지 못할 만큼 어렵고 조심스러운 곳을 가리키는 말이에요.

사촌이 땅을 사면 배가 아프다
　남이 잘 되는 것을 기뻐해 주지는 않고 오히려 질투하고 시기하는 경우에 자주 쓰는 속담이에요.

사흘 길에 하루쯤 가서 열흘씩 눕는다
사흘이나 걸리는 길을 급히 가려다가 열흘씩 앓아눕는다는 뜻으로, 일을 처음부터 너무 급히 서두르면 제 시간보다 더 오래 걸릴 수 있답니다. 또는 일하는 시간보다 쉬는 시간이 더 많아 몹시 게으르단 뜻도 있어요.

산 넘어 산이다
가면 갈수록 더 어려운 일이 생긴다는 뜻으로 일이 쉽게 풀리지 않을 때 사용하는 말.

산 호랑이 눈썹도 그리울 게 없다
희귀한 보물인 산 호랑이의 눈썹도 아쉬울 게 없다는 뜻으로, 모든 것을 다 가지고 있어서 세상에 부러울 것이 없다는 말입니다.

상주보다 복재기가 더 서러워한다
직접 일을 당한 사람보다 주변 사람들이 더 심하게 걱정한다는 의미예요.

새도 가지를 가려서 앉는다
새도 앉을 가지를 고르고 앉는대요. 친구를 사귀거나 직업을 택하는 데에도 신중하게 잘 가리고 골라야 한다는 말.

새도 염불하고 쥐도 방귀 뀐다
여러 사람이 춤추고 노래하는 데 수줍어하며 함께 어울리지 못하는 사람을 놀리며 하는 말이에요.

새벽달 보자고 초저녁부터 기다린다
새벽에 뜰 달을 보겠다고 초저녁부터 나가서 기다린다니 너무 급하죠? 일을 너무 일찍부터 서두르는 경우에 이런 말을 하죠. 무슨 일이든 차근차근 해야 좋은 결과를 얻을 수 있답니다.

새침데기 골로 빠진다
얌전해 보이는 사람이 한 번 길을 잘못 들면 보통 사람들보다 더욱 나쁜 길로 빠지게 된다는 뜻.

샘을 보고 하늘을 본다
평소에는 무관심하다가 샘 속에 비친 하늘을 보고서야 비로소 하늘을 쳐다본다는 뜻으로, 늘 가까이 있는 것을 우연히 새롭게 깨달을 때 하는 말이에요.

서당 개 삼 년에 풍월을 한다
어떤 분야에 대해 아는 것이 없는 사람도 그 분야에 오래 있으면 지식과 경험을 갖게 된다는 의미입니다.

서울 가서 김 서방 찾기
넓은 서울에서 주소도 이름도 없이 그 흔한 김 서방을 찾을 수 있을까요? 잘 알지도 못하면서 무턱대고 찾아다니는 경우를 일컫는 말입니다.

서천에서 해가 뜨겠다
해는 항상 동쪽에서 떠서 서쪽으로 지는 게 자연의 이치죠. 절대 일어날 수 없는 일이 일어날 정도로 너무나 뜻밖의 일을 당했을 때 쓰는 말이에요.

선무당이 사람 잡는다
의술에 서투른 사람이 치료해 준다고 하다가 사람을 죽이기까지 한다는 뜻으로, 제대로 알지 못하면서 어설프게 아는 척하다 다른 사람의 일을 망치게 된다는 의미예요.

선무당이 장구 탓한다
할 줄 모르는 사람일수록 핑계가 많다, 또는 서투른 솜씨를 핑계 대어 변명한다는 의미.

세 사람만 우겨 대면 없는 호랑이도 만들어낼 수 있다
거짓말도 여럿이 하면 진짜처럼 듣게 된다는 뜻으로, 여럿이 힘을 합치면 안 되는 일이 없겠죠?

소 닭 보듯
아무 관심도 없이 무심하게 쳐다본다는 뜻이에요.

소문난 잔치에 먹을 것 없다
겉은 떠들썩하고 화려한 데 비해 오히려 속은 비어 있다는 말이에요.

쇠귀에 경 읽기
둔한 사람은 아무리 가르치고 일러 주어도 알아듣지 못한다는 뜻입니다.

술에 술 탄 듯, 물에 물 탄 듯
어떤 일을 하기 전이나 한 뒤에나 변화가 없는 경우를 비유한 속담이에요.

숭어가 뛰니까 망둥이도 뛴다
제 처지는 생각지도 않고 자신보다 나은 사람을 무조건 따라하려고만 한다는 뜻.

시작이 반이다
　무슨 일이든지 시작이 어렵지 일단 시작하면 일을 끝마치기는 그리 어렵지 않다는 뜻.

신주 개 물어 간다
　뭉그적대다가 절호의 기회를 놓치거나 남에게 뺏겨 사정이 딱하게 된 경우를 가리키는 말.

쏘아놓은 살이요, 엎질러진 물이다
　한번 저질러 놓은 일은 다시 고쳐질 수 없다는 뜻. 신중하게 생각하고 실천에 옮기세요.

아니 땐 굴뚝에 연기나랴
　원인이 없으면 결과도 없다는 말입니다.

아닌 밤중에 홍두깨
　예상치도 않았는데 갑자기 뜻하지 않은 일을 당한 경우에 쓰는 말이에요.

아비만 한 자식 없다
　자식이 부모에게 아무리 잘해도 부모가 자식 생각하는 것만은 못하다는 말. 또는 자식이 아무리 훌륭하더라도 부모만큼은 못하다는 의미도 있습니다.

앉아 주고 서서 받는다
　빌려 주기는 쉬우나 돌려받기는 어렵다는 뜻.

얌전한 고양이 부뚜막에 먼저 올라간다
　겉으로는 얌전한 사람이 엉뚱한 짓을 하거나 자기 실속을 다 차리는 경우를 가리키는 말이랍니다.

양지가 음지 되고 음지가 양지 된다
　세상일이란 돌고 도는 것이어서 처한 사정이나 형편이 뒤바뀌는 경우가 많다는 의미입니다.

언 발에 오줌 누기
　언 발을 녹이려고 오줌을 누면 잠깐은 따뜻할진 모르지만 결국엔 그 오줌까지 얼게 돼요. 순간의 위기를 모면하려다 결국 상황이 더 나쁘게 되었을 때 쓰는 말입니다.

열흘 나그네 하룻길 바빠한다
　오래 걸릴 일은 처음에는 그리 바쁘지 않은 듯하더라도 급히 서둘러 하지 않으면 안 된다는 뜻. 또한 너무 급히 서두르지 말라는 의미도 있어요.

열 길 물속은 알아도 한 길 사람 속은 모른다
　물은 아무리 깊어도 깊이를 잴 수 있으나 시시각각 변하는 사람의 마음은 도저히 알기 어려운 법이죠.

열 사람이 지켜도 한 도적을 못 막는다
　여러 사람이 함께 지켜도 한 사람이 나쁜 짓을 하려고 작정을 하면 막을 수 없다는 말이에요.

염불에는 맘이 없고 잿밥에만 맘이 있다
　맡은 일에는 정성을 다하지 않으면서 자기 욕심을 채우기 위해 다른 곳에만 마음을 쓰는 경우를 이르는 말이에요.

요강 뚜껑으로 물 떠 먹은 셈
　오줌 누는 그릇의 뚜껑으로 물을 마신다는 것, 상상만 해도 불쾌하죠? 별일은 없으리라고 생각하면서도 어딘지 개운하지 않고 마음에 걸린다는 의미예요.

우물귀신 잡아넣듯 하다
　우물귀신은 다른 사람을 대신 끌어넣어야 우물에서 빠져나올 수 있다는 미신에서 유래한 말이에요. 어떤 어려움이나 걱정에서 벗어나기 위해 남을 대신 곤란하게 만들 때 쓰는 속담입니다.

우물에 가 숭늉 찾는다
　모든 일에는 질서와 차례가 있는 법인데 참지 못하고 성급하게 덤비면 어떻게 될까요?

우물 옆에서 목말라 죽는다
　도무지 융통성이 없고 소극적이어서 답답한 사람에게 하는 말이에요.

울고 싶자 때린다
　마침 울고 싶은데 때리니 좋은 구실이 생긴 거겠죠. 하고 싶은데 좋은 핑계거리가 생겼을 때 쓰는 말.

웃느라 한 말에 초상 난다
　농담으로 한 말이 상대방을 죽게 할 수도 있다는 뜻. 무심코 던진 돌멩이에 개구리가 맞아죽을 수 있단 말도 있어요.

원님 덕에 나팔 분다
　원님 옆에 있으면 원님이 받는 후한 대접을 같이 받는다는 뜻으로, 다른 사람 덕분에 호강할 때를 일컫는 말.

일각이 삼추 같다
  짧은 동안도 삼추(三秋), 즉 세 번의 가을이 지난 것처럼 여겨진다는 말이에요.

입에 쓴 약이 병에는 좋다
  자기에 대한 충고나 비판이 당장은 듣기 싫더라도 이를 받아들이면 나중에라도 자신에게 도움이 된다는 말.

입은 비뚤어져도 말은 바로 해라
  어떤 일이 있어도 언제나 말은 정직하게 해야 한다는 뜻이에요.

자는 벌집 건드린다
  그대로 가만히 두면 아무 탈이 없을 것을 공연히 건드려 문제를 일으키는 경우에 하는 말입니다.

자다가 봉창 두드린다
  앞뒤 상황에 전혀 관계없는 엉뚱한 소리를 불쑥 함을 비유적으로 이르는 말이에요.

자라 보고 놀란 가슴 솥뚜껑 보고 놀란다
  어떤 일에 한 번 몹시 놀라면 그와 비슷한 것만 보아도 겁을 내기 쉽습니다.

잘되면 제 탓 못되면 조상 탓
  성공한 일은 자기 공으로, 실패한 일은 남의 탓으로 돌리는 경우. 또는 자신에게 유리한 방향으로 해석하는 사람을 일컫는 말이에요.

재주는 장에 가도 못 산다
  재주는 돈으로 살 수 있는 것이 아니라 배우고 익혀서 능력을 키워야 한다는 의미에요.

저 먹자니 싫고 남 주자니 아깝다
  자기한테 소용이 없는 물건도 막상 남을 주자니 아깝고 싫다는 뜻입니다.

젊어서 고생은 사서도 한다
  젊었을 때 겪은 고생은 중요한 경험이 되므로 부지런히 노력하면 뒷날 큰 보람을 얻을 수 있다는 말.

제 논에 물 대기
  남이 손해를 보든 말든 상관없이 자기의 이익만 생각하고 행동한다는 뜻입니다.

죄는 지은 데로 가고 덕은 닦은 데로 간다
  나쁜 일을 하면 벌을 받고 착한 일을 하면 복을 받는다는 말입니다.

지성이면 감천
  누구나 정성을 다하면 하늘이 도와 이루어질 수 없을 것 같던 소원도 이루어진다는 뜻이에요.

짖는 개는 물지 않는다
  시도 때도 없이 짖는 개는 정작 불안하고 초조해서 으르렁대는 것일 뿐이라고 해요. 겉으로 떠들어대는 사람이 도리어 알맹이는 없는 경우에 쓰는 속담입니다.

쪽박을 쓰고 벼락을 피하랴
  작은 바가지를 쓰고서는 쏟아지는 물도 막기 어려운데 벼락을 피하는 것은 어림도 없겠죠? 봉변을 당했을 때 당황해서 저도 모르는 사이에 어리석은 방법으로 벗어나려고 하는 경우를 일컫는 말이에요.

첫술에 배 부르랴
  어떤 일이든지 단번에 만족할 수 없죠. 꾸준히 노력하다 보면 좋은 결과가 생긴답니다.

친구 따라 강남 간다
  여기서 강남은 중국 양자강 남쪽의 아주 먼 곳을 가리키는 말이에요. 뚜렷한 자기 주관 없이 남에게 끌려서 덩달아 하게 되었을 때 쓰는 속담입니다.

코 막고 답답하다고 한다
  자기 힘으로 쉽게 할 수 있는 일을 엉뚱하게 다른 곳에서 해결하려 할 때 하는 말이에요.

콩으로 메주를 쑨다 하여도 곧이듣지 않는다
  분명한 사실을 말해도 믿지 않는다는 뜻이니, 거짓말을 자주 하는 사람이 진실을 말해도 믿어주지 않을 때 쓰는 말이랍니다.

콩 볶아 먹다가 가마솥 터뜨린다
  작은 이익을 탐내다가 큰 손해를 보는 경우.

콩을 팥이라 해도 곧이 듣는다
  남이 거짓말을 해도 곧이곧대로 잘 믿는 것을 비유적으로 이르는 말이에요.

탕건 쓰고 세수한다
　　탕건 벗고 세수하는 것이 순서에 맞지만, 일의 순서가 틀려 모양이 안 좋게 되었다는 뜻입니다.

파장에 엿장수
　　때를 놓치고 볼품사납게 된 사람이나 경우를 일컫는 말.

털도 아니 난 것이 날기부터 하려 한다
　　제 분수나 능력에 맞지 않는 일을 하려고 하는 어리석은 사람을 일컫는 말이에요.

털어서 먼지 안 나는 사람 없다
　　누구나 결점을 찾아 보면 작은 허물 하나쯤 없는 사람이 없다는 말이에요.

평양감사도 저 싫으면 그만이다
　　아무리 좋은 일이라도 자기가 싫어하면 억지로 시킬 수 없다는 뜻이에요.

품 안의 자식
　　자식이 어렸을 때는 부모를 따르나 차츰 자라면 부모로부터 멀어진다 하여 쓰는 말입니다.

풍년거지가 더 섧다
　　남은 다 잘 사는데 자기 혼자만 어렵게 지내는 것이 서럽다는 의미예요.

핑계 없는 무덤이 없다
　　무슨 일이라도 반드시 둘러댈 핑계와 사연은 있다는 말이에요.

하나만 알고 둘은 모른다
　　사물의 한 면만 보고 전체적으로 보지는 못한다는 뜻으로, 생각이 밝지 못하여 도무지 융통성이 없고 미련하다는 말입니다.

하늘이 무너져도 솟아날 구멍이 있다
　　아무리 어려운 상황에서도 침착하게 대처하면 극복할 수 있다는 말입니다. 힘들어도 절대 포기하지 마세요.

하늘의 별 따기
　　하늘에 있는 별을 따는 건 불가능한 일이겠죠? 무엇을 얻거나 이루기가 매우 어려운 경우를 일컫는 말이에요.

향기 나는 미끼 아래 반드시 죽는 고기가 있다
　　옛날 중국 월나라 왕은 오나라 왕에게 미녀 서시를 바쳤는데, 그때부터 오나라 왕은 서시에게 흠뻑 빠져서 놀기만 하고 나라를 돌보지 않았대요. 결국 오나라는 급격하게 쇠약해졌고 월나라의 공격으로 왕도 죽고 나라도 망했다는 데서 유래한 말이에요. 당장 편하고 싶고 즐기고 싶은 유혹에 쉽게 넘어가면 반드시 후회하게 된답니다.

호랑이 굴에 가야 호랑이 새끼를 잡는다
　　원하는 결과를 얻으려면 그에 마땅한 노력을 해야 한다는 말입니다.

호랑이 없는 골에 토끼가 왕 노릇 한다
　　뛰어난 사람이 없는 곳에서는 그보다 못한 사람이 큰소리 치며 잘난 체 한다는 뜻이에요.

호박에 말뚝 박기
　　심술궂고 성격이 고약하여 못된 짓을 일삼는다는 뜻이에요. 놀부가 잘하던 나쁜 행동 중 하나죠.

황소 뒷걸음질하다 쥐 잡는다
　　어리석은 사람도 어쩌다 한몫 할 때가 있다는 말이에요. 어쩌다 우연히 이루거나 알아맞힐 때 쓰는 속담이기도 하답니다.

흥정은 붙이고 싸움은 말리랬다
　　좋은 일은 권하고 나쁜 일은 말려야 한다는 뜻이에요.

기획 **그루터기**

초등학교 전·현직 교사들과 학부모들로 구성된 10여 명의 학습 및 교육 연구모임입니다. 학교교육이 채워줄 수 없고, 사교육으로도 결코 해결될 수 없는 부문들에 대한 고민과 정보들을 공유하며 지난 10여 년간 기획과 집필활동을 활발히 하며 '집과 학교에서 일어나는 하루 10분 학습혁명'을 불러일으켰습니다.

제조국 대한민국
제조자 굿인포메이션(스쿨존)
제조년월 2021년 5월
사용연령 6세 이상 어린이 제품
주의사항 종이에 베이거나 긁히지 않도록 조심하세요.

경필 글씨 바로쓰기 – 속담편 고학년 2   ISBN 978-89-94113-26-5 74370 ‖ 개정 2쇄 펴낸날 2021년 5월 10일
기획 그루터기 ‖ 펴낸이 정혜옥 ‖ 펴낸곳 스쿨존 ‖ 출판등록 1999년 9월 1일 제 1-2411호
표지디자인 투에스 ‖ 표지일러스트 오성수 ‖ 본문일러스트 강승구
주소 04779 서울시 성동구 뚝섬로 1나길 5(헤이그라운드) 7층 ‖ 사서함 06779 서울시 서초구 동산로 19 서울 서초우체국 5호
전화 02)929-8153 ‖ 팩스 02)929-8164 ‖ E-mail goodinfozuzu@hanmail.net

■ 스쿨존은 굿인포메이션의 자회사입니다. ■ 잘못된 책은 본사나 구입하신 서점에서 바꾸어 드립니다.

도서출판 스쿨존은 교사, 학부모님들의 소중한 의견을 기다립니다.
책 출간에 대한 기획이나 원고가 있으신 분은 이메일 goodinfozuzu@hanmail.net으로 보내주세요.